The authors would like to extend their heartfelt thanks to the following individuals who have helped to make this book possible:

Pierre Apraxine

Frish Brandt

Karen Dane

Janis Donnaud

Doug Nickel

Edward Noble

Eugenia Parry

William Rubel

Sean Thackrey

Winston Tong

Stephen Wirtz

12. Photographer unknown
Grenada, Alhambra, Ventana de los Embajadores,
ca. 1870's
Albumen print
31.4 x 26.2 cm (12 3/8 x 10 3/8 in.)
Stephen Wirtz Collection

13. W. J. Day
Fishing boats: Sunset, Bournemouth Bay, ca. 1900
Carbon print
11 x 15.5 cm (4 3/8 x 6 in.)
Courtesy of Thackrey and Robertson

14. Roger Fenton
Still Life with Fruit, 1860
Albumen-silver print from glass negative
35.2 x 43.1 cm (13 7/8 x 17 in.)
Gilman Paper Company Collection

15. Albert
Tunis, rue de Pacha, ca. 1870's
Albumen print
24.5 x 19.3 cm (9 5/8 x 7 5/8 in.)
Jane Handel Collection

16. Gustave Le Gray
Mediterranean Sea at Sète, 1856–59
Albumen-silver print from two glass negatives
32.1 x 41.9 cm (12 5/8 x 16 1/2 in.)
Gilman Paper Company Collection

17. P. Salviati
Ponte dei Sospiri, Venezia; ca. 1880
Albumen print
24 x 19 cm (9 1/2 x 7 1/2 in.)
Jane Handel Collection

18. Henri Le Secq
Portrait of Charles Nègre
on the Tower of Notre Dame, ca. 1853
Paper negative
22.5 x 32 cm (8 7/8 x 12 5/8 in.)
Plate (00), reproduction provided by Eugenia Parry

19. Eugène Atget
Nymphéa, 1910 (or earlier) LD:697
Albumen-silver print
18 x 24 cm (7 x 9 3/8 in.)
The Museum of Modern Art, New York
Abbott-Levy Collection
Partial gift of Shirley C. Burden
Transparency ©1997
The Museum of Modern Art, New York

20. Francis Frith
Entrance to the Temple of Simbel, Nubia, 1856
Albumen print
22.8 x 15.6 cm (9 x 8 1/8 in.)
Jane Handel Collection

21. Photographer unknown
Man in Alleyway, Algiers; ca. 1880
Albumen print
26.4 x 21 cm (10 3/8 x 8 1/4 in.)
Jane Handel Collection

22. George Fiske
Sunset Study, San Francisco Bay, 1884
Albumen print
10.7 x 19.2 cm (4 1/4 x 7 1/2 in.)
Stephen Wirtz Collection

Endsheets

Silk damask, probably French, ca. early 20th C.
Textile courtesy of Cheryl Hatcher, Shawlwalla,
Hollywood, CA

List of photographs (*in order of appearance*):

Invitation to the Voyage

There is a splendid land, a land of Cockaigne, they say, that I dream of visiting with an old love. A unique land, drowned in our Northern fogs, that might be called the Orient of the West, the China of Europe, where heated and capricious fantasy is given such free rein and has so patiently and persistently adorned it with its learned and luxuriant vegetation.

A true land of Cockaigne, where all is graceful, sumptuous, peaceful and decent; where richness is pleased to mirror itself in measure; where life is succulent and sweet to breathe; where unmeasured tumult and the unforeseen are banished; where happiness is wed to silence; where the cuisine itself is poetic, both succulent and stimulating; where everything images you, my dear angel.

Do you know the feverish sickness that grips us in chill distress, that nostalgia for the land you've never seen, that anguish of curiosity? There is a country that images you, where all is graceful, sumptuous, peaceful and decent, where fantasy has built and adorned a western China, where life is sweet to breathe, where happiness is wed to silence. There we should go to live, there we should go to die!

Yes, it is there that we should go to breathe, dream and prolong the hours with infinite sensations. A musician has written Invitation to the Waltz. Who will compose Invitation to the Voyage that a man might offer to his beloved, to his chosen sister?

Yes, there in that atmosphere it would be good to live, where the slower hours contain more thoughts, where the clocks strike happiness with deeper and more resonant ceremony.

On lustrous panels or on rich and gilded leathers paintings discreetly live, serene, quiet and profound, like the souls of the artists who created them. The sunsets that so richly tinge the dining room or the salon, are filtered through fine fabrics or through those high elaborate windows divided into leaded panes. The furniture is massive, quaint, strange, armed with locks and secrets like subtle souls. The mirrors, metals, fabrics, plate and earthenware play a silent and mysterious symphony for the eyes. And from every object, every corner, from the drawers'

cracks and fabrics' folds wafts a rare perfume, a whiff of come hither from Sumatra, that is like the apartment's soul.

A true land of Cockaigne, I swear, where all is sumptuous, clean and bright, like a clear conscience, like a magnificent set of pots and pans, like a fine set of plate, like many-colored gems! The treasures of the world flow there, as in the house of an industrious man who has earned the whole world's praise. A unique land, superior to others, as art is to Nature, where Nature is refashioned by the dream, where it is corrected, beautified, recast.

Let them search and search again, let them endlessly extend the limits of their happiness, those alchemists of horti-culture! Let them offer rewards of sixty and a hundred thou-sand florins to one who would solve their ambitious problems! As for me, I've found my black tulip and my blue dahlia!

Incomparable flower, rediscovered tulip, allegorical dahlia, it is there, is it not, in this lovely land so quiet and so dreamy that we should go to live and flower? Would you not be framed by your analogy, and could you not mirror yourself, as the mystics say, in your own correspondence?

Dreams, always dreams! And the more ambitious and sensitive the soul, the more do dreams outstrip the possible. Each man bears within him his dose of natural opium, inces-santly secreted and renewed, and from birth to death how many hours do we count filled with positive pleasure, with successful and deliberate action? Will we ever live, will we ever pass into this picture painted by my mind, this picture that images you?

These treasures, this furniture, this richness, this measure, these perfumes, these miraculous flowers are you. And you, too, those great rivers and those still canals. Those vast ships they bear along, laden with riches, monotonous chants rising from the rigging, these are my thoughts sleeping or rolling on your breast. You lead them gently toward the sea that is the Infinite, while you reflect the depths of the sky in the transparency of your lovely soul. And when, wearied by the swell and gorged on Eastern goods, they return to their native port, they are still my thoughts enriched, returning from the Infinite to you.

L'Invitation au Voyage

Il est un pays superbe, un pays de Cocagne, dit-on, que je rêve de visiter avec une vieille amie. Pays singulier, noyé dans les brumes de notre Nord, et qu'on pourrait appeler L'Orient de l'Occident, La Chine de l'Europe, tant la chaude et capricieuse fantaisie s'y est donné carrière, tant elle l'a patiemment et opiniâtrément illustré de ses savantes et luxuriantes végétations.

Un vrai pays de Cocagne, où tout est beau, riche, tranquille, honnête; où le luxe a plaisir à se mirer dans l'ordre; où la vie est grasse et douce à respirer; d'où le désordre, la turbulence et l'imprévu sont exclus; où le bonheur est marié au silence; où la cuisine elle-même est poétique, grasse et excitante à la fois; où tout vous ressemble, mon cher ange.

Tu connais cette maladie fiévreuse qui s'empare de nous dans les froides misères, cette nostalgie du pays qu'on ignore, cette angoisse de la curiosité? Il est une contrée qui te ressemble, où tout est beau, riche, tranquille et honnête, où la fantaisie a bâti et décoré une Chine occidentale, où la vie est douce à respirer, où le bonheur est marié au silence. C'est là qu'il faut aller vivre, c'est là qu'il faut aller mourir!

Oui, c'est là qu'il faut aller respirer, rêver et allonger les heures par l'infini des sensations. Un musicien a écrit *l'Invitation à la valse*; quel est celui qui composera *l'Invitation au voyage*, qu'on puisse offrir à la femme aimée, à la soeur d'élection?

Oui, c'est dans cette atmosphère qu'il ferait bon vivre, — là-bas, où les heures plus lentes contiennent plus de pensées, où les horloges sonnent le bonheur avec une plus profonde et plus significative solennité.

Sur des panneaux luisants, ou sur des cuirs dorés et d'une richesse sombre, vivent discrètement des peintures béates, calmes et profondes, comme les âmes des artistes qui les créèrent. Les soleils couchants, qui colorent si richement la salle à manger ou le salon, sont tamisés par de belles étoffes ou par ces hautes fenêtres ouvragées que le plomb divise en nombreux compartiments. Les meubles sont vastes, curieux, bizarres, armés de serrures et de secrets comme des âmes raffinées. Les miroirs, les métaux, les étoffes, l'orfévrerie et la faïence y jouent pour les yeux une symphonie muette et mystérieuse; et de toutes choses, de tous les coins, des fissures des tiroirs et des plis des étoffes s'échappe un parfum singulier, un *revenez-y* de Sumatra, qui est comme l'âme de l'appartement.

Un vrai pays de Cocagne, te dis-je, où tout est riche, propre et luisant, comme une belle conscience, comme une magnifique batterie de cuisine, comme une splendide orfévrerie, comme une bijouterie bariolée! Les trésors du monde y affluent, comme dans la maison d'un homme laborieux et qui a bien mérité du monde entier. Pays singulier, supérieur aux autres, comme l'art l'est à la Nature, où celle-ci est réformée par le rêve, où elle est corrigée, embellie, refondue.

Qu'ils cherchent, qu'ils cherchent encore, qu'ils reculent sans cesse les limites de leur bonheur, ces alchimistes de l'horticulture! Qu'ils proposent des prix de soixante et de cent mille florins pour qui résoudra leurs ambitieux problèmes! Moi, j'ai trouvé ma *tulipe noire* et mon *dahlia bleu*!

Fleur incomparable, tulipe retrouvée, allégorique dahlia, c'est là, n'est-ce-pas, dans ce beau pays si calme et si rêveur, qu'il faudrait aller vivre et fleurir? Ne serais-tu pas encadrée dans ton analogie, et ne pourrais-tu pas te mirer, pour parler comme les mystiques, dans ta propre *correspondance?*

Des rêves! toujours des rêves! et plus l'âme est ambitieuse et délicate, plus les rêves s'éloignent du possible. Chaque homme porte en lui sa dose d'opium naturel, incessamment sécrétée et renouvelée, et, de la naissance à la mort, combien comptons-nous d'heures remplies par la jouissance positive, par l'action réussie et décidée? Vivrons-nous jamais, passerons-nous jamais dans ce tableau qu'a peint mon esprit, ce tableau qui te ressemble?

Ces trésors, ces meubles, ce luxe, cet ordre, ces parfums, ces fleurs miraculeuses, c'est toi. C'est encore toi, ces grands fleuves et ces canaux tranquilles. Ces énormes navires qu'ils charrient, tout chargés de richesses, et d'où montent les chants monotones de la manoeuvre, ce sont mes pensées qui dorment ou qui roulent sur ton sein. Tu les conduis doucement vers la mer qui est l'Infini, tout en réfléchissant les profondeurs du ciel dans la limpidité de ta belle âme; — et quand, fatigués par la houle et gorgés des produits de l'Orient, ils rentrent au port natal, ce sont encore mes pensées enrichies qui reviennent de l'Infini vers toi.

Là, tout n'est qu'ordre et beauté,

Luxe, calme et volupté.

There, there is nothing else but grace and measure,

Richness, quietness, and pleasure.

Eugène Atget. *Nymphéa*, 1910 (or earlier).

Le monde s'endort
Dans une chaude lumière.

Slowly the land is rolled
Sleepward under a sea of gentle fire.

Revêtent les champs,

Les canaux, la ville entière,

D'hyacinthe et d'or;

Clothes the fields of hay,

Then the canals, at last the town entire

In hyacinth and gold:

—Les soleils couchants

The sun at close of day

Qu'ils viennent du bout du monde.

Hither through all the waters of the earth.

C'est pour assouvir

Ton moindre désir

It is to satisfy

Your least desire, they ply

Vois sur ces canaux

Dormir ces vaisseaux

Dont l'humeur est vagabonde;

See, sheltered from the swells

There in the still canals

Those drowsy ships that dream of sailing forth;

Là, tout n'est qu'ordre et beauté,

Luxe, calme et volupté.

There, there is nothing else but grace and measure,

Richness, quietness, and pleasure.

Tout y parlerait

A l'âme en secret

Sa douce langue natale.

Nothing but should address

The soul's loneliness,

Speaking her sweet and secret native tongue.

La splendeur orientale,

The walls all in an Eastern splendor hung —

Les riches plafonds,

Les miroirs profonds,

Gold ceilings would there be,

Mirrors deep as the sea,

Eugène Atget. *Ambassade d'Autriche, 57 rue de Varenne*, 1905–06.

Les plus rares fleurs

Mêlant leurs odeurs

Aux vagues senteurs de l'ambre,

Flowers of rarest bloom

Proffering their perfume

Mixed with the vague fragrances of amber;

Des meubles luisants,

Polis par les ans,

Décoreraient notre chambre;

Furniture that wears

The lustre of the years

Softly would glow within our glowing chamber,

Là, tout n'est qu'ordre et beauté,

Luxe, calme et volupté.

There, there is nothing else but grace and measure,

Richness, quietness, and pleasure.

Pour mon esprit ont les charmes

Si mystérieux

De tes traîtres yeux,

Brillant à travers leurs larmes.

Move me with such a mystery as appears

Within those other skies

Of your treacherous eyes

When I behold them shining through their tears.

Drowned suns that glimmer there

Through cloud-dishevelled air

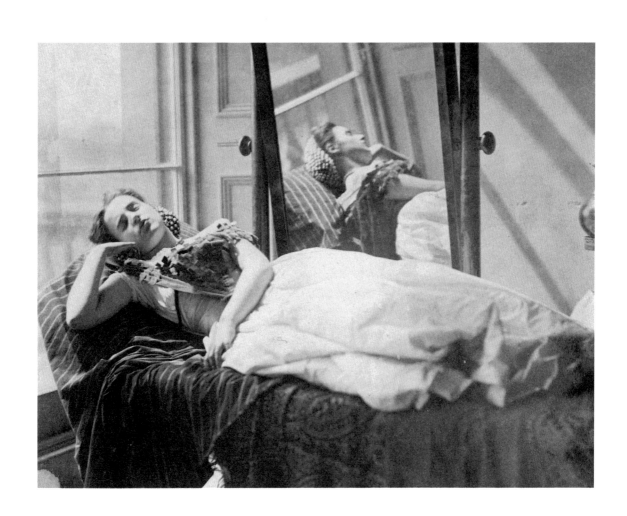

Aimer à loisir,

Aimer et mourir

Au pays qui te ressemble!

And there love slow and long,

There love and die among

Those scenes that image you, that sumptuous weather.

Les soleils mouillés

De ces ciels brouillés